D0515828

NOV 1 6

AUSTRALIA

Alexis Roumanis

www.av2books.com

Visita nuestro sitio **www.av2books.com**
e ingresa el código único del libro.
Go to www.av2books.com, and enter this
book's unique code.

CÓDIGO DEL LIBRO
BOOK CODE

Y 6 8 2 2 4 4

AV² de Weigl te ofrece enriquecidos libros
electrónicos que favorecen el aprendizaje activo.
AV² by Weigl brings you media enhanced books that
support active learning.

El enriquecido libro electrónico AV² te ofrece una experiencia bilingüe completa entre el inglés y el español para aprender el vocabulario de los dos idiomas.

This AV² media enhanced book gives you a fully bilingual experience between English and Spanish to learn the vocabulary of both languages.

Spanish

English

Navegación bilingüe AV²
AV² Bilingual Navigation

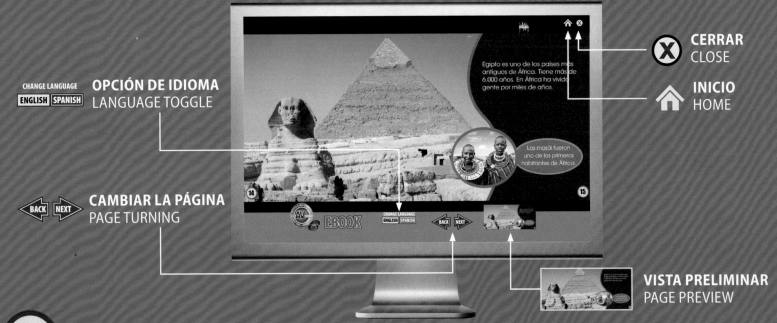

CHANGE LANGUAGE
ENGLISH SPANISH
OPCIÓN DE IDIOMA
LANGUAGE TOGGLE

BACK NEXT
CAMBIAR LA PÁGINA
PAGE TURNING

X CERRAR
CLOSE

INICIO
HOME

VISTA PRELIMINAR
PAGE PREVIEW

AUSTRALIA

ÍNDICE

Bienvenidos a Australia. Es el continente más pequeño.

Esta es la forma de Australia. Asia está al norte de Australia. La Antártida está al sur.

¿Dónde está Australia?

Océano Ártico

Océano Ártico

América del Norte

Europa

Asia

Océano Pacífico

Océano Atlántico

África

Océano Pacífico

América del Sur

Océano Índico

AUSTRALIA

N

O E

S

Antártida

Hay dos océanos que bañan la costa de Australia.

Australia está formada por muchos tipos de terrenos diferentes.
En Australia hay desiertos, montañas, llanuras y selvas tropicales.

El Gran Desierto de Victoria es el más grande de Australia.

El lago Eyre es el lago de agua salada más grande de Australia.

Las cataratas de Wallaman son las más altas de Australia.

El monte Kosciuszko es la montaña más alta de Australia.

El río Murray es el más largo de Australia.

Los koalas pueden dormir unas 20 horas por día.

Los canguros pueden saltar hasta 10 pies (3 metros) de altura.

El equidna es uno de los dos únicos mamíferos en el mundo que pone huevos.

En Australia viven animales únicos en el mundo.
Hay muchos tipos diferentes de animales que viven allí.

La pitón amatista es la serpiente más grande de Australia.

El emú es el ave más grande de Australia.

En Australia hay muchos tipos diferentes de plantas.

El pino huon puede vivir más de 3.000 años.

El árbol ceniza de montaña es el más alto de Australia.

Los árboles de macadamia pueden dar hasta 50 libras (23 kilogramos) de nueces por año.

La flor nacional de Australia es el zarzo dorado.

A las flores de banksia se las suele llamar velas gigantes.

13

El único país de Australia tiene el mismo nombre que el continente. Tiene más de 100 años. En Australia ha vivido gente por miles de años.

Los aborígenes australianos fueron uno de los primeros habitantes de Australia.

En Australia viven muchos tipos de personas.
Cada grupo de personas es especial a su modo.

Algunos aborígenes se pintan el cuerpo para los eventos importantes.

El didyeridú es un instrumento tocado por los aborígenes australianos.

Se puede utilizar un búmeran para cazar animales.

El baile es una parte importante de la vida aborigen.

En Australia viven más de
23 millones de personas.
Hay seis estados.

La ciudad australiana
con más habitantes
es Sidney.

Hay muchas cosas que solo se pueden encontrar en Australia. Llega gente de todas partes del mundo a visitar este continente.

El color del Uluru cambia durante el día.

La isla Fraser es la isla de arena más grande del mundo.

La Gran Barrera de Coral es tan grande que puede verse desde el espacio.

Algunas partes de la Ópera de Sidney se hicieron para que parezcan velas de barcos.

El Bungle Bungle Range tiene grandes rocas rayadas con forma de colmenas.

Cuestionario sobre Australia

Descubre cuánto has aprendido sobre el continente australiano.

¿Qué te dicen estas imágenes sobre Australia?

¡Visita www.av2books.com para disfrutar de tu libro interactivo de inglés y español!

Check out www.av2books.com for your interactive English and Spanish ebook!

 Entra en www.av2books.com
Go to www.av2books.com

 Ingresa tu código
Enter book code

Y 6 8 2 2 4 4

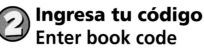 **¡Alimenta tu imaginación en línea!**
Fuel your imagination online!

www.av2books.com

Published by AV² by Weigl
350 5th Avenue, 59th Floor New York, NY 10118
Website: www.av2books.com

Library of Congress Control Number: 2015953883

ISBN 978-1-4896-4281-3 (hardcover)
ISBN 978-1-4896-4282-0 (single-user eBook)
ISBN 978-1-4896-4283-7 (multi-user eBook)

Printed in the United States of America in Brainerd, Minnesota
1 2 3 4 5 6 7 8 9 0 19 18 17 16 15

Project Coordinator: Jared Siemens
Spanish Editor: Translation Cloud LLC
Designer: Mandy Christiansen

112015
101515

Every reasonable effort has been made to trace ownership and to obtain permission to reprint copyright material. The publisher would be pleased to have any errors or omissions brought to its attention so that they may be corrected in subsequent printings.

The publisher acknowledges iStock and Getty Images as the primary image suppliers for this title.